David Tripolina

Welcher Typ bist du?

David Tripolina

Welcher Typ bist du?

oder

33 Alternativen – 8 Milliarden Möglichkeiten

riva

WELCHER TYP BIST DU?

Magst du dein Ketchup lieber auf den Pommes oder daneben?
Liest du Bücher lieber auf Papier oder auf dem Lesegerät?
Stehst du beim ersten Klingeln des Weckers auf oder
drückst du lieber auf die Schlummertaste?

In diesem Buch sind Grafiken von 33 typischen Verhaltensweisen zu finden. Die meisten Menschen gehören zu einem der beiden dargestellten Typen: Sonnenanbeter oder Schattensucher. Wein- oder Biertrinker. Chips- oder Schoko-Fan.

Es sind also 33 typische kleine alltägliche Entscheidungen, die jeder von uns trifft und Vorlieben, die wir alle kennen. Blättere einfach durchs Buch und entscheide auf jeder Doppelseite, welcher Typ du bist.

Und jetzt kommt die Statistik ins Spiel!

Bei diesen 33 Entscheidungen gibt es rein statistisch 2^{33} unterschiedliche Varianten, diese zu kombinieren. Das wiederum ergibt 8.589.934.592 individuelle Kombinationsmöglichkeiten.

Macht also über 8 Milliarden Alternativen, dieses Buch auszufüllen.

Das bedeutet aus statistischer Sicht: Jeder Mensch auf der Erde (aktuell sind es rund 7,5 Milliarden auf diesem Planeten) würde diesen Test anders ausfüllen.

Dieses Buch ergibt deine ganz individuelle Persönlichkeits-DNA, die dich von allen anderen Menschen unterscheidet. Obwohl wir oft denken, wir verhalten uns sehr stereotyp, reichen doch bereits 33 verbreitete Eigenarten, um uns einmalig zu machen.

Probiere es aus: mit deiner Familie, mit deinen Freunden und Bekannten. Nutzt dazu die Ankreuz-Vorlagen am Ende des Buches. Es wird mit großer Wahrscheinlichkeit niemand exakt die gleiche Sequenz wählen wie du.

So ist dieses Buch eine wunderbare Dokumentation der Vielfalt menschlichen Seins. Es gibt da draußen niemanden, der genau so ist wie du. Einzigartig und einmalig. Wir gehen alle unseren ganz eigenen Weg. »Jedes Wesen kann nur in seiner Eigenheit gut sein«; erklärte schon Sophokles vor über zweitausend Jahren.

Entdecke deinen individuellen Code. Viel Spaß!

1 a

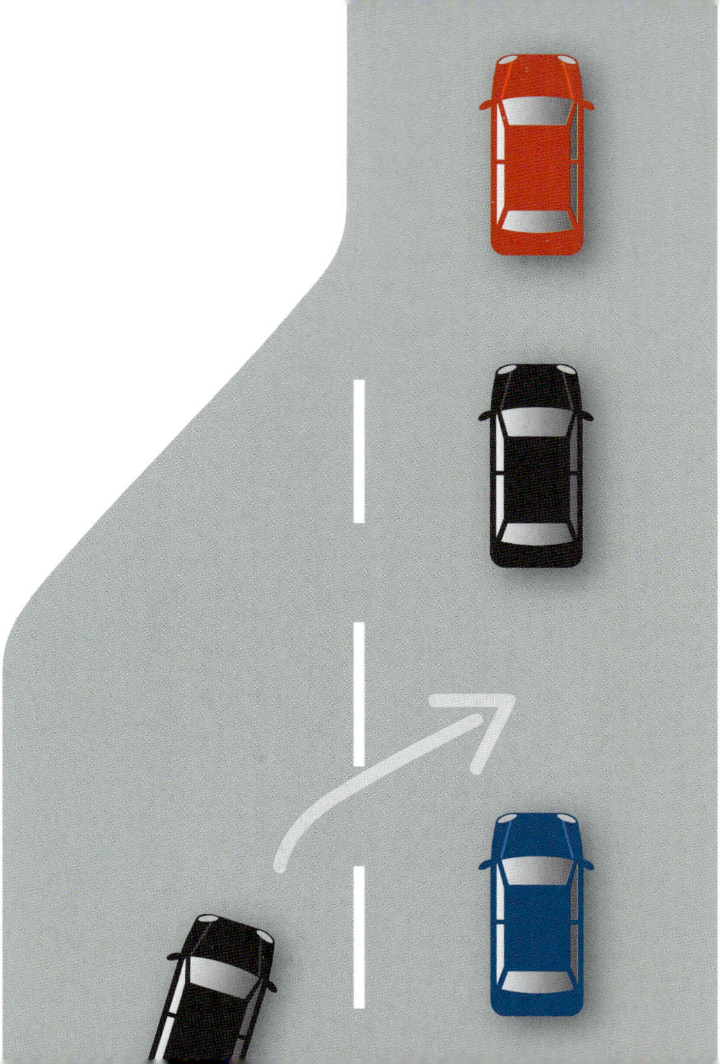

2 a

3 a

4 a

— Speisekarte —

Gemischter Salat

Spaghetti aglio e olio
Spaghetti alla Carbonara

Pizza Margherita
Pizza Salame
Pizza Caprese
Pizza Hawaii

Tiramisu
Panna Cotta

— Speisekarte —
5,50
7,90
8,90
7,90
8,50
9,90
8,90
5,90
5,90

5 a

6 a

7 a

8 a

9 a

10 a

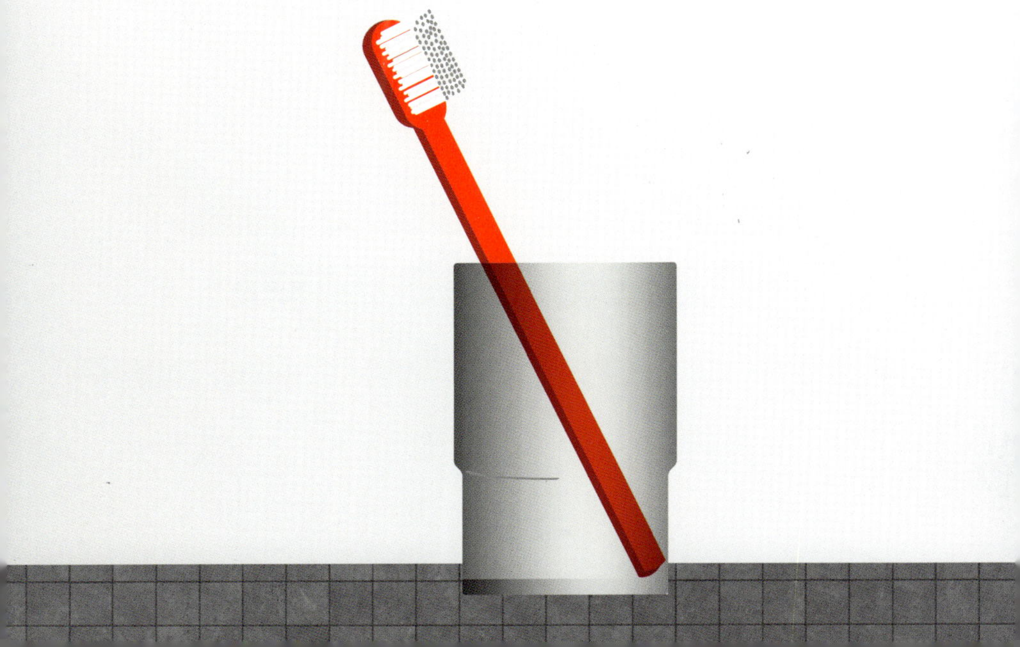

11 a

Windows 10

12 a

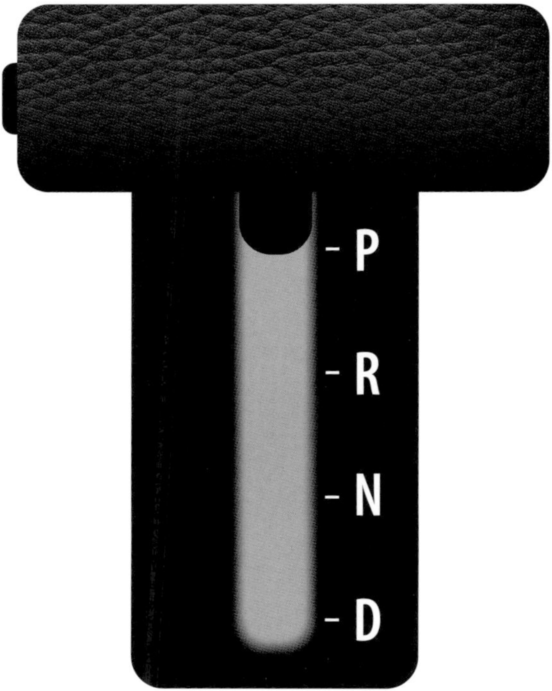
P
R
N
D

13 a

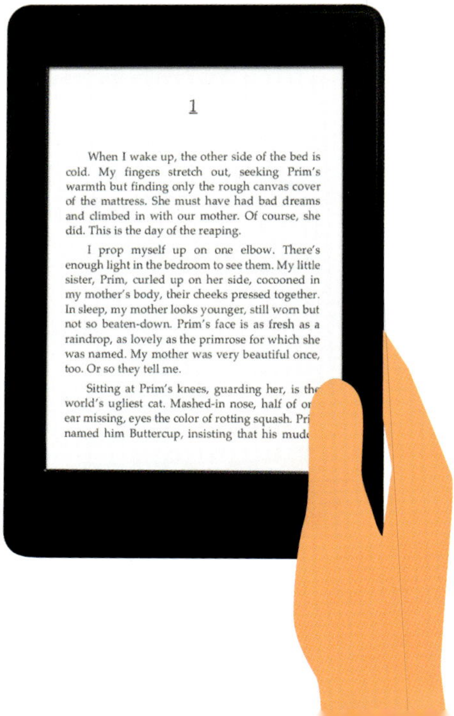
1
When I wake up, the other side of the bed is cold. My fingers stretch out, seeking Prim's warmth but finding only the rough canvas cover of the mattress. She must have had bad dreams and climbed in with our mother. Of course, she did. This is the day of the reaping.
I prop myself up on one elbow. There's enough light in the bedroom to see them. My little sister, Prim, curled up on her side, cocooned in my mother's body, their cheeks pressed together. In sleep, my mother looks younger, still worn but not so beaten-down. Prim's face is as fresh as a raindrop, as lovely as the primrose for which she was named. My mother was very beautiful once, too. Or so they tell me.
Sitting at Prim's knees, guarding her, is th
world's ugliest cat. Mashed-in nose, half of o
ear missing, eyes the color of rotting squash. Pr
named him Buttercup, insisting that his mud

13 b

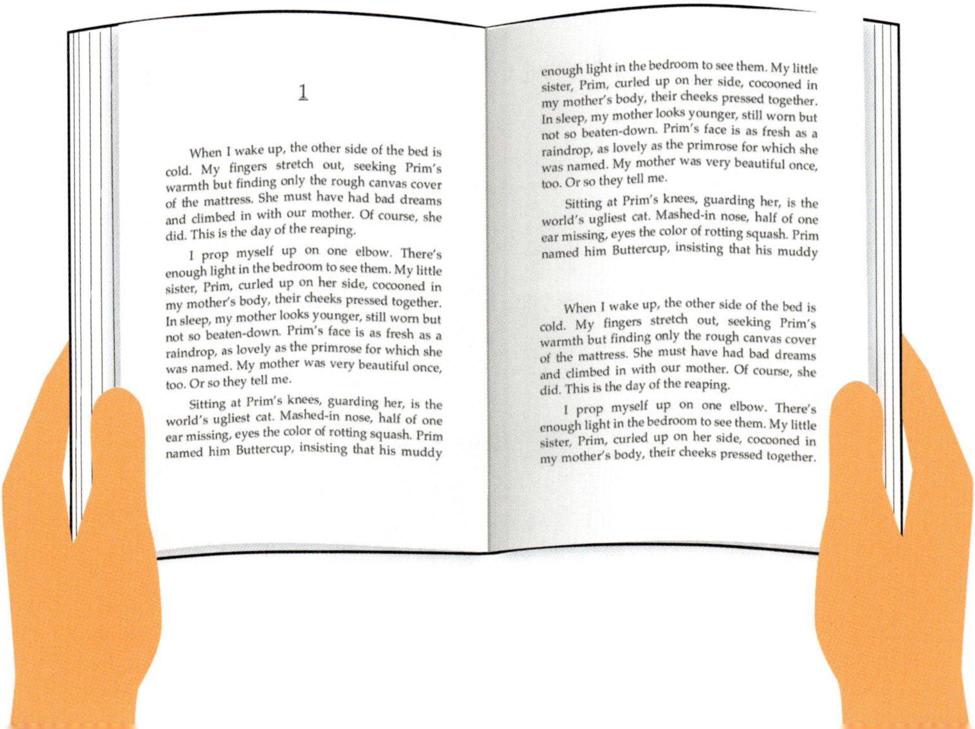
1
When I wake up, the other side of the bed is cold. My fingers stretch out, seeking Prim's warmth but finding only the rough canvas cover of the mattress. She must have had bad dreams and climbed in with our mother. Of course, she did. This is the day of the reaping.
I prop myself up on one elbow. There's enough light in the bedroom to see them. My little sister, Prim, curled up on her side, cocooned in my mother's body, their cheeks pressed together. In sleep, my mother looks younger, still worn but not so beaten-down. Prim's face is as fresh as a raindrop, as lovely as the primrose for which she was named. My mother was very beautiful once, too. Or so they tell me.
Sitting at Prim's knees, guarding her, is the world's ugliest cat. Mashed-in nose, half of one ear missing, eyes the color of rotting squash. Prim named him Buttercup, insisting that his muddy
enough light in the bedroom to see them. My little sister, Prim, curled up on her side, cocooned in my mother's body, their cheeks pressed together. In sleep, my mother looks younger, still worn but not so beaten-down. Prim's face is as fresh as a raindrop, as lovely as the primrose for which she was named. My mother was very beautiful once, too. Or so they tell me.
Sitting at Prim's knees, guarding her, is the world's ugliest cat. Mashed-in nose, half of one ear missing, eyes the color of rotting squash. Prim named him Buttercup, insisting that his muddy
When I wake up, the other side of the bed is cold. My fingers stretch out, seeking Prim's warmth but finding only the rough canvas cover of the mattress. She must have had bad dreams and climbed in with our mother. Of course, she did. This is the day of the reaping.
I prop myself up on one elbow. There's enough light in the bedroom to see them. My little sister, Prim, curled up on her side, cocooned in my mother's body, their cheeks pressed together.

14 a

18:34
Anruf
0179 1000000
Ablehnen
Annehmen

15 a

16 a

17 a

schoko
creme

18 a

19 a

Monatskarte
Gültig vom: 01.03.2016
bis: 31.03.2016
B5668788
44826678
Regio-SB
44826678

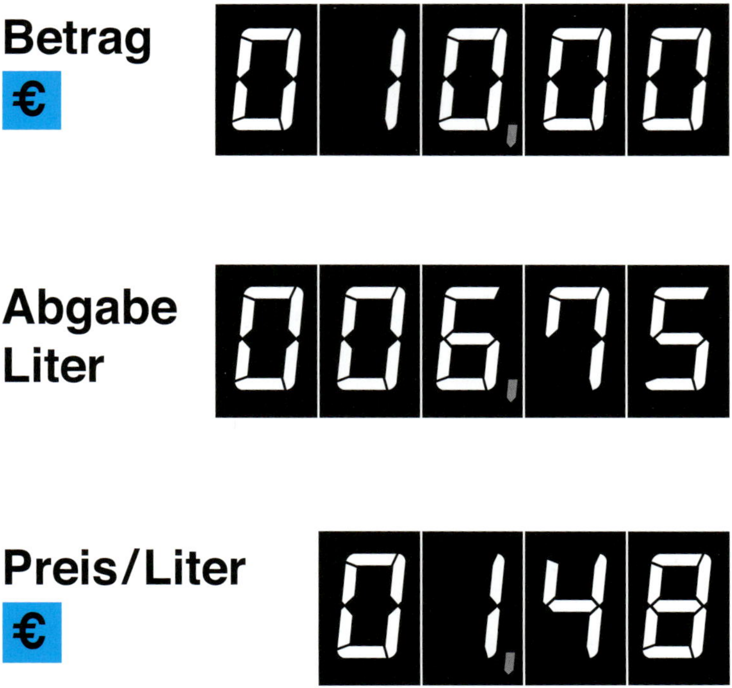
Betrag
€
010,00
Abgabe
Liter
006,75
Preis/Liter
€
01,48

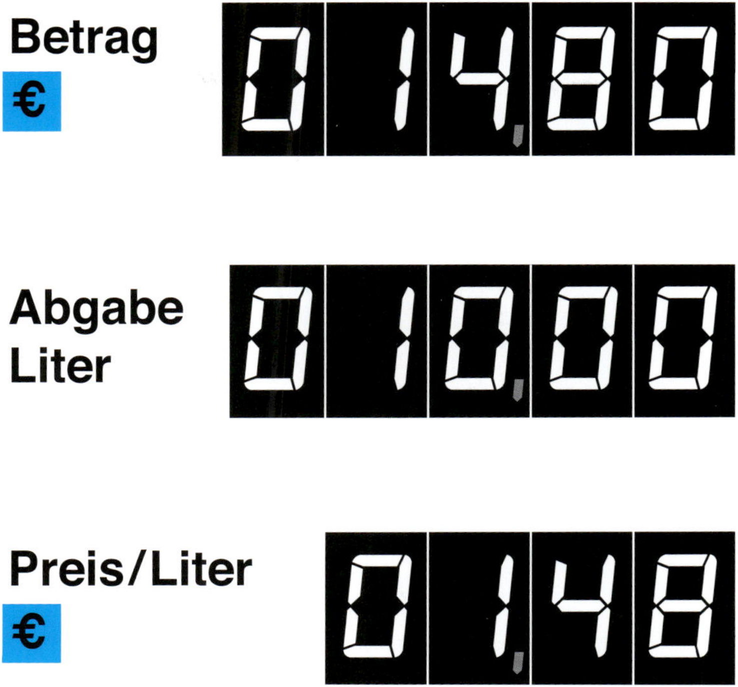
Betrag
€
014,80
Abgabe
Liter
010,00
Preis/Liter
€
01,48

23 a

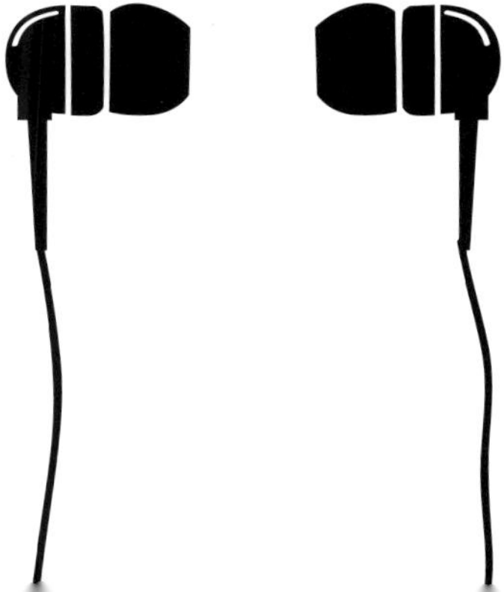

24 a

25 a

GEBURTSDATUM
BITTE EINGEBEN
01
Januar
2000
ABBRECHEN
BESTÄTIGEN

GEBURTSDATUM
BITTE EINGEBEN
12
Februar
1993
ABBRECHEN
BESTÄTIGEN

27 a

28 a

30 a

POSTFÄCHER
Eingang
Entwürfe
Gesendet
Papierkorb

31 a

7:00
AM

NETZFLEX
SEX AND THE CITY
GAME OF THRONES
BIG BANG THEORY
BREAKING BAD
ORANGE IS THE NEW BLACK
SERIEN

33 a

19:21
Info
Apps
Social
Musik
Spiele
Sport
Training
Reisen
Nachrichten
Hobbies
Bücher
Unterhaltung

19:21
13
Kalender
Notizen
Maps
Musik
XYZ
Video
Training
Zumblr
Browser
E-Mail
eBooks
MSW
A
B
C
1 2
3 +
Erinnerungen
Kontakte
Rechner
Uhr
Einstellungen
Aktien
Wetter

Name: ______________________________

☐ 1a	1b ☐	☐ 18a	18b ☐
☐ 2a	2b ☐	☐ 19a	19b ☐
☐ 3a	3b ☐	☐ 20a	20b ☐
☐ 4a	4b ☐	☐ 21a	21b ☐
☐ 5a	5b ☐	☐ 22a	22b ☐
☐ 6a	6b ☐	☐ 23a	23b ☐
☐ 7a	7b ☐	☐ 24a	24b ☐
☐ 8a	8b ☐	☐ 25a	25b ☐
☐ 9a	9b ☐	☐ 26a	26b ☐
☐ 10a	10b ☐	☐ 27a	27b ☐
☐ 11a	11b ☐	☐ 28a	28b ☐
☐ 12a	12b ☐	☐ 29a	29b ☐
☐ 13a	13b ☐	☐ 30a	30b ☐
☐ 14a	14b ☐	☐ 31a	31b ☐
☐ 15a	15b ☐	☐ 32a	32b ☐
☐ 16a	16b ☐	☐ 33a	33b ☐
☐ 17a	17b ☐		

Name: ______________________________

☐	1a	1b	☐	☐	18a	18b	☐
☐	2a	2b	☐	☐	19a	19b	☐
☐	3a	3b	☐	☐	20a	20b	☐
☐	4a	4b	☐	☐	21a	21b	☐
☐	5a	5b	☐	☐	22a	22b	☐
☐	6a	6b	☐	☐	23a	23b	☐
☐	7a	7b	☐	☐	24a	24b	☐
☐	8a	8b	☐	☐	25a	25b	☐
☐	9a	9b	☐	☐	26a	26b	☐
☐	10a	10b	☐	☐	27a	27b	☐
☐	11a	11b	☐	☐	28a	28b	☐
☐	12a	12b	☐	☐	29a	29b	☐
☐	13a	13b	☐	☐	30a	30b	☐
☐	14a	14b	☐	☐	31a	31b	☐
☐	15a	15b	☐	☐	32a	32b	☐
☐	16a	16b	☐	☐	33a	33b	☐
☐	17a	17b	☐				

Name: ______________________

☐ 1a	1b ☐	☐ 18a	18b ☐
☐ 2a	2b ☐	☐ 19a	19b ☐
☐ 3a	3b ☐	☐ 20a	20b ☐
☐ 4a	4b ☐	☐ 21a	21b ☐
☐ 5a	5b ☐	☐ 22a	22b ☐
☐ 6a	6b ☐	☐ 23a	23b ☐
☐ 7a	7b ☐	☐ 24a	24b ☐
☐ 8a	8b ☐	☐ 25a	25b ☐
☐ 9a	9b ☐	☐ 26a	26b ☐
☐ 10a	10b ☐	☐ 27a	27b ☐
☐ 11a	11b ☐	☐ 28a	28b ☐
☐ 12a	12b ☐	☐ 29a	29b ☐
☐ 13a	13b ☐	☐ 30a	30b ☐
☐ 14a	14b ☐	☐ 31a	31b ☐
☐ 15a	15b ☐	☐ 32a	32b ☐
☐ 16a	16b ☐	☐ 33a	33b ☐
☐ 17a	17b ☐		

Name: ______________________________

☐	1a	1b	☐	☐	18a	18b	☐
☐	2a	2b	☐	☐	19a	19b	☐
☐	3a	3b	☐	☐	20a	20b	☐
☐	4a	4b	☐	☐	21a	21b	☐
☐	5a	5b	☐	☐	22a	22b	☐
☐	6a	6b	☐	☐	23a	23b	☐
☐	7a	7b	☐	☐	24a	24b	☐
☐	8a	8b	☐	☐	25a	25b	☐
☐	9a	9b	☐	☐	26a	26b	☐
☐	10a	10b	☐	☐	27a	27b	☐
☐	11a	11b	☐	☐	28a	28b	☐
☐	12a	12b	☐	☐	29a	29b	☐
☐	13a	13b	☐	☐	30a	30b	☐
☐	14a	14b	☐	☐	31a	31b	☐
☐	15a	15b	☐	☐	32a	32b	☐
☐	16a	16b	☐	☐	33a	33b	☐
☐	17a	17b	☐				

Name: ______________________________

☐	1a	1b	☐	☐	18a	18b	☐
☐	2a	2b	☐	☐	19a	19b	☐
☐	3a	3b	☐	☐	20a	20b	☐
☐	4a	4b	☐	☐	21a	21b	☐
☐	5a	5b	☐	☐	22a	22b	☐
☐	6a	6b	☐	☐	23a	23b	☐
☐	7a	7b	☐	☐	24a	24b	☐
☐	8a	8b	☐	☐	25a	25b	☐
☐	9a	9b	☐	☐	26a	26b	☐
☐	10a	10b	☐	☐	27a	27b	☐
☐	11a	11b	☐	☐	28a	28b	☐
☐	12a	12b	☐	☐	29a	29b	☐
☐	13a	13b	☐	☐	30a	30b	☐
☐	14a	14b	☐	☐	31a	31b	☐
☐	15a	15b	☐	☐	32a	32b	☐
☐	16a	16b	☐	☐	33a	33b	☐
☐	17a	17b	☐				

Name: ______________________________

☐	1a	1b	☐	☐	18a	18b	☐
☐	2a	2b	☐	☐	19a	19b	☐
☐	3a	3b	☐	☐	20a	20b	☐
☐	4a	4b	☐	☐	21a	21b	☐
☐	5a	5b	☐	☐	22a	22b	☐
☐	6a	6b	☐	☐	23a	23b	☐
☐	7a	7b	☐	☐	24a	24b	☐
☐	8a	8b	☐	☐	25a	25b	☐
☐	9a	9b	☐	☐	26a	26b	☐
☐	10a	10b	☐	☐	27a	27b	☐
☐	11a	11b	☐	☐	28a	28b	☐
☐	12a	12b	☐	☐	29a	29b	☐
☐	13a	13b	☐	☐	30a	30b	☐
☐	14a	14b	☐	☐	31a	31b	☐
☐	15a	15b	☐	☐	32a	32b	☐
☐	16a	16b	☐	☐	33a	33b	☐
☐	17a	17b	☐				

Name: ______________________________

☐ 1a	1b ☐	☐ 18a	18b ☐
☐ 2a	2b ☐	☐ 19a	19b ☐
☐ 3a	3b ☐	☐ 20a	20b ☐
☐ 4a	4b ☐	☐ 21a	21b ☐
☐ 5a	5b ☐	☐ 22a	22b ☐
☐ 6a	6b ☐	☐ 23a	23b ☐
☐ 7a	7b ☐	☐ 24a	24b ☐
☐ 8a	8b ☐	☐ 25a	25b ☐
☐ 9a	9b ☐	☐ 26a	26b ☐
☐ 10a	10b ☐	☐ 27a	27b ☐
☐ 11a	11b ☐	☐ 28a	28b ☐
☐ 12a	12b ☐	☐ 29a	29b ☐
☐ 13a	13b ☐	☐ 30a	30b ☐
☐ 14a	14b ☐	☐ 31a	31b ☐
☐ 15a	15b ☐	☐ 32a	32b ☐
☐ 16a	16b ☐	☐ 33a	33b ☐
☐ 17a	17b ☐		

Name: ______________________________

☐ 1a	1b ☐	☐ 18a	18b ☐
☐ 2a	2b ☐	☐ 19a	19b ☐
☐ 3a	3b ☐	☐ 20a	20b ☐
☐ 4a	4b ☐	☐ 21a	21b ☐
☐ 5a	5b ☐	☐ 22a	22b ☐
☐ 6a	6b ☐	☐ 23a	23b ☐
☐ 7a	7b ☐	☐ 24a	24b ☐
☐ 8a	8b ☐	☐ 25a	25b ☐
☐ 9a	9b ☐	☐ 26a	26b ☐
☐ 10a	10b ☐	☐ 27a	27b ☐
☐ 11a	11b ☐	☐ 28a	28b ☐
☐ 12a	12b ☐	☐ 29a	29b ☐
☐ 13a	13b ☐	☐ 30a	30b ☐
☐ 14a	14b ☐	☐ 31a	31b ☐
☐ 15a	15b ☐	☐ 32a	32b ☐
☐ 16a	16b ☐	☐ 33a	33b ☐
☐ 17a	17b ☐		

Bibliografische Information der Deutschen Nationalbibliothek:
Die Deutsche Nationalbibliothek verzeichnet diese Publikation in der Deutschen Nationalbibliografie; detaillierte bibliografische Daten sind im Internet über http://d-nb.de abrufbar.

Für Fragen und Anregungen:
info@rivaverlag.de

1. Auflage 2016

Nymphenburger Straße 86
D-80636 München
Tel.: 089 651285-0
Fax: 089 652096

Illustrationen: Marie Bauer, Berlin
Umschlaggestaltung: Laura Osswald, München
Umschlagabbildung: Marie Bauer, Berlin
Satz: Georg Stadler, München
Druck: Graspo CZ, Tschechische Republik
Printed in the EU

ISBN Print: 978-3-86883-876-3

Weitere Informationen zum Verlag finden Sie unter

www.rivaverlag.de